PAULO DA SILVA NETO

ENCONTROS COM O
REDENTOR

10 HISTÓRIAS PARA INSPIRAR
SEU ENCONTRO COM JESUS

DIREÇÃO EDITORIAL:
Pe. Fábio Evaristo R. Silva, C.Ss.R.

CONSELHO EDITORIAL:
Ferdinando Mancilio, C.Ss.R.
José Uilson Inácio Soares Júnior, C.Ss.R.
Mauro Vilela, C.Ss.R.
Marcelo da Rosa Magalhães, C.Ss.R.
Victor Hugo Lapenta, C.Ss.R.

COORDENAÇÃO EDITORIAL:
Ana Lúcia de Castro Leite

COPIDESQUE:
Bruna Vieira da Silva

REVISÃO:
Sofia Machado
Luana Galvão

DIAGRAMAÇÃO E CAPA:
Bruno Olivoto

Dados Internacionais de Catalogação na Publicação (CIP) de acordo com ISBD

S586e   Silva Neto, Paulo da

         Encontros com o Redentor: 10 histórias para inspirar seu encontro com Jesus / Paulo da Silva Neto. - Aparecida, SP : Editora Santuário, 2019.
74 p. ; 11cm x 15cm.

Inclui índice.
ISBN: 978-85-369-0577-8

1. Cristianismo. 2. Inspiração. 3. Jesus. I. Título.

2019-118   CDD 240
CDU 24

Elaborado por Vagner Rodolfo da Silva - CRB-8/9410

Índice para catálogo sistemático:
1. Cristianismo 240
2. Cristianismo 24

1ª impressão

Todos os direitos reservados à **EDITORA SANTUÁRIO** – 2019

Rua Pe. Claro Monteiro, 342 – 12570-000 – Aparecida-SP
Tel.: 12 3104-2000 – Televendas: 0800 - 16 00 04
www.editorasantuario.com.br
vendas@editorasantuario.com.br

Sumário

Apresentação 5
Introdução 9

1. O chamado de Pedro 17
2. O leproso 23
3. O paralítico 27
4. O coletor de impostos 33
5. A viúva 39
6. A pecadora 45
7. O menino doente 51
8. O filho arrependido 55
9. O cego 61
10. Zaqueu 65

Apresentação

Percorrendo as páginas dos Evangelhos, nós nos deparamos com um Deus, que cuida, com amor de Pai, de sua criação. Por meio de Jesus, Ele visita todos os seus filhos e todas as suas filhas, convidando-os a participar da construção de seu Reino de paz, justiça e fraternidade. Fazer-se operário do Reino de Deus não se configura como algo muito fácil, quando assumimos tal tarefa partindo de nossa vontade. Todavia, quando seguimos o exemplo da Virgem Maria, tudo se torna mais fácil. Dizemos "fiat", ou seja, "faça-se em mim a tua vontade", deixando-nos guiar por tudo aquilo que Jesus nos pede para fazer.

Nas páginas que seguem, teremos a oportunidade de visitar alguns temas da vida cristã, tratados no Evangelho de Lucas, aquele que nos apresenta a figura orante do Cristo. Jesus, no exercício da obra missionária que o Pai lhe confiou, passa pela vida das pessoas fazendo sempre o bem, apresentando a todos a face misericordiosa do Pai.

Desejando envolver outros em sua atividade missionária, Ele chama homens anônimos, até mesmo excluídos pela sociedade de seu tempo, para auxiliá-lo no anúncio da Boa Notícia. Para devolver a vida aos que eram marginalizados, Ele vai ao encontro das vítimas de uma sociedade, que excluía as curas dos males que as lançavam às margens da sociedade. O Senhor, que chama, também forma seus discípulos por meio de parábolas que ajudam a nos sentirmos abraçados pela misericórdia de Deus.

Ao autor deste livro, que tem o mesmo nome do apóstolo dos gentios, Paulo, agradecemos a sensibilidade de nos ajudar, por meio dos textos que seguem, a revisitar o Evangelho de Lucas, encantando-nos com as palavras do evangelista que escreveu para o mundo pagão, demostrando a universalidade da missão de Jesus. O Reino de Deus é para todos, pois o desejo do Pai não é outro senão, por meio do Filho, salvar a todos.

Padre Rodrigo Arnoso, C.Ss.R.

Introdução

Quando estava preparando este pequeno livro, percebi que seria importante falarmos algo a respeito da "Redenção", para podermos entender melhor o sentido de cada encontro relatado aqui.

Fazendo alguns estudos sobre o termo "Redenção", vi que ele está muito ligado com outro termo: "Sacrifício". Foi então que decidi colocar, nesta pequena introdução, um resumo deste estudo que, tirado de uma coletânea de espiritualidade Redentorista, contém vários ensaios sobre o tema da Redenção. Quero aqui colocar, textualmente, alguns pensamentos desses autores, pois tratam magnificamente o tema proposto. Não vou fazer cópia do livro, mas sim deixá-los curiosos e desejosos de se aprofundarem mais e mais nesse tema.

Então, poderíamos começar este resumo com a seguinte pergunta: o que é um sacrifício? Desejo mostrá-lo tanto no Antigo Testamento como no Novo Testamento.

Segundo Alberto de Mingo Kaminouchi, um religioso da Congregação do Santíssimo Redentor, "o sacrifício é um ritual religioso pelo qual os oferentes fazem um presente à divindade, com a esperança de estabelecer assim uma relação com ela que resulte benéfica. Essa relação está carregada de bênçãos, uma energia capaz de transformar as oferendas, os oferentes e, eventualmente, a própria realidade do mundo".[1]

É com essa ideia que tomamos aqui outro termo que está ligado ao de sacrifício: o da Expiação.

A palavra grega para traduzir o hebraico *kipper* é *ilaskomai*. Esse termo foi usado er-

---

[1] Cf. Ensaio sobre a redenção; Espiritualidade Redentorista, n. 10; Ed. Santuário, 2007, p. 52.

roneamente para fazer a tradução. O grego tem por sujeito e por objeto os deuses, mas o hebraico não. O objeto é o pecado e o sujeito é Deus, que está sempre pronto para acabar com o mal em nós.

Deus nunca é um inimigo que precisa ser aplacado, mas o que precisa desaparecer de nossa vida é o pecado, que prejudica o homem.

Por isso, o hebraico usa o termo *kipper*, para falar de expiação, pois essa ação poderosa de Deus quer eliminar o mal, que, existente em nós, mantém-nos escravos.

O ritual sagrado de expiação é um sacrifício que deveria realizar-se a cada ano na festa de *Yon Kippur* (Dia da Expiação) e tinha seu lugar no *Sancta Sanctorum*, lugar mais sagrado do templo de Jerusalém, onde se encontrava a Arca da Aliança.

Essa Arca trazia as tábuas da Lei, feitas pelo dedo de Deus, contendo os dez mandamentos e a vara de Moisés. Era fechada na parte superior, com uma tampa decorada com duas estátuas de querubins, que estendiam sobre ela suas asas. O nome dessa tampa era *kapporeth*, que significa *lugar da expiação* (cf. Êx 25,22).

Esse era o lugar por excelência da comunicação de Deus com seu povo, onde a santidade de Deus se comunicava; era uma espécie de canal, que mantinha aberto o fluxo de energia entre o espaço do divino e do terreno.

Mas esse canal entre Deus e o povo podia chegar a obstruir-se, assim como nossas veias e artérias por efeito do colesterol, por causa dos pecados que vão fechando essa porta, dificultando a passagem da glória divina, debilitando o povo, que recebe cada vez menos a irrigação da energia divina.

Sobre essa tampa, era feito o sacrifício e derramado o sangue dos cordeiros, em sinal de expiação dos pecados; assim se abria novamente essa ligação com Deus.

No Novo Testamento, a força da entrega de Cristo na cruz teve tamanha efusão de vida e amor que eliminou para sempre todo obstáculo para a comunhão dos homens com Deus.

A cruz não é o lugar de Cristo pagar o "castigo" por nossos pecados, mas sim de eliminar o mal com a efusão de vida.

E é então que entramos no vocábulo "Redentor". Jesus Cristo vem a nós como "Go'el", que significa parente mais próximo de alguém em dificuldade. O padre Michael Brehl, superior-geral dos Missionários Redentoristas, em sua explanação sobre o tema, no mesmo livro já referido anteriormente, apresenta-nos cinco situações no Antigo Testamento em que o termo "go'el" era utilizado.

Na primeira, significava resgatar um campo ou um terreno vendido por seu parente, em tempo de necessidade, para restituí-lo à família.

Na segunda, significava libertar um israelita escravo, que se vendeu em tempo de pobreza, ou libertar um parente, que foi injustamente escravizado.

Na terceira, significava vingar-se de um assassínio pela retribuição familiar dentro do contexto da Lei do clã.

Na quarta, significava a restauração/redenção de uma oferta votiva.

E, na quinta situação, significava receber (em vez de dar, dessa vez), como chefe responsável da família, uma restituição por um dano feito à parte ofendida.

Deus é invocado como redentor de Israel da escravidão do Egito.

O Go'el redentor era aquele parente ligado pelo sangue ou por uma aliança à pessoa em dificuldade, que era obrigado a vir em auxílio dela no apuro.

Aqui é importante ressaltar que os profetas anunciavam que, se o povo não cumprisse suas obrigações sociais e religiosas, Deus tomaria a defesa dos pequenos e dos fiéis, e a sociedade corrompida e infiel sofreria uma purificação (cf. Is 40-45).

O pecado no Ocidente tem um aspecto de crime e, para que aconteça a redenção, são necessários uma satisfação, um castigo, uma repressão, uma penitência.

Já no Oriente, o pecado é uma patologia, uma doença e, para que a redenção aconteça, requer a cura de Deus, a compaixão e o cuidado da parte de Deus.

Por isso Deus escolhe fazer-se o parente mais próximo, aquele que dará seu Verbo como Redentor de seu povo. Jesus torna-se humano para fazer-se "go'el" – o parente mais próximo – não apenas a um determinado ser humano, mas a toda a humanidade.

Tendo Deus como Abbá, ou seja, Pai, todos somos irmãos em Cristo, que é nosso parente mais próximo. Com Jesus, a salvação é AGORA, não em uma data futura. "Quem ouve minhas palavras e crê naquele que me enviou tem, agora, a vida eterna."

Por isso Redenção também significa que a submissão ao espírito deste mundo está anulada e que Satanás não domina mais.

Jesus se faz parente mais próximo de todas as pessoas, mesmo quando os próprios parentes se omitem. Os leprosos eram rejeitados por suas famílias. A mulher surpreendida em adultério estava sozinha com seu pecado. Zaqueu era desprezado pelo povo de sua sociedade. Toda a vida de Jesus proclama restauração, cura, perdão, libertação do mal, reintegração, recuperação da dignidade humana, como filhos de Deus, pois basta alguém estar em dificuldade que Jesus sente compaixão e age como parente mais próximo.

Por isso ofereço a você uma visão, em primeira pessoa, desses encontros com o Redentor. Como seria se eu tivesse encontrado meu Go'el?

Espero poder ajudar a todos nesse caminho de encontro com o Redentor, que nunca se cansará de estar conosco e de nos salvar, pois Ele nos ama e se fez um conosco, o Deus conosco Emanuel.

1
O chamado de Pedro
(Lc 5,1-11)

Muito prazer, meu amado leitor. Meu nome é Pedro e quero lhe contar o que aconteceu comigo, à beira do lago de Genesaré.

Estava eu a pescar e nada conseguira naquela noite. Imagine, você, minha decepção. Anos trabalhando com isso, e nada pescara! Então, voltei para a beira do lago e, todo decepcionado comigo, comecei a lavar as redes e guardar as "tralhas" da pescaria. Foi, então, que apareceu um homem e subiu em meu barco, pedindo que eu me afastasse um pouco da margem, para que ele pudesse falar à multidão.

Eu ouvia aquele homem ensinar, falar de uma Boa-Nova, e, não sei como explicar, meu coração se encheu de esperança; porém, meu orgulho ainda estava ferido pela derrota na pescaria.

No momento em que me lembrava da noite horrível que passara, Ele se virou para mim e disse: "Pedro, rema lago adentro e joga as redes para pescar!" Pensei comigo: esse homem é doido? Chegou aqui, subiu em meu barco, falou com todo esse povo, atrasou meu serviço e ainda quer mandar em mim? Já não bastava toda aquela raiva, agora teria de aguentar uma pessoa caçoando de mim?

Diante da ordem, disse: "Senhor, passei a noite toda pescando e nada peguei. Já estou cansado, decepcionado..." Antes que eu terminasse de lamuriar, uma força invadiu meu coração e comecei a me lembrar de como meu coração estava inquieto, enquanto Ele falava. Foi, então, que respondi: "Mas, em respeito ao Senhor, lançarei as redes".

A surpresa: sem demora, comecei a puxar a rede e não conseguia, pois estava tão cheia de peixes que quase afundei. Precisei chamar ajuda para conseguir puxá-la. Nesse momento, caí aos pés daquele homem, que nada sabia de pesca, e pedi que ele se afastasse de mim, pois eu era um pecador, um homem cheio de orgulho e soberba.

Ele respondeu: "Não tema, Simão. A partir de hoje, você não pescará mais peixes, mas pescará homens". Nesse momento, deixei tudo para segui-lo. Meus sócios, que viram tudo isso, Tiago e João, também fizeram a mesma coisa.

Não sei explicar o que me levou a segui-lo. Mas me senti tão valorizado, mesmo duvidando dele! Eu pedi que Ele se afastasse, e Ele, como me perdoando, além de se aproximar, chamou-me pelo nome, olhou-me e deu-me uma missão. Tornei-me íntimo dele! Ele nunca desistiu de mim, mesmo quando eu desistia dele. Quantas vezes, por meu orgulho, por querer a vida velha, por querer fazer as coisas a minha maneira, eu o neguei! Separei-me dele, mas Ele nunca se separou de mim! Sempre, diante daquele chamado, uma força me impulsionava a retomar meu caminho de volta a Ele.

Vejo como foi difícil deixar os planos pessoais, minha segurança, meu orgulho, meu eu, meu saber, minhas ânsias, para me lançar nesse novo, que Ele trouxe a minha vida. Ele me apresentou o correto a fazer, o modo diferente de agir; isso me levou a querer ser diferente. Ali, em suas palavras, estavam a vida e a vitória. Nas palavras dele, senti-me amado, perdoado e olhado com compaixão e misericórdia.

Diante desse relato, faço algumas perguntas: será que você está sendo muito soberbo, arrogante, prepotente, dono de seu mundo e está fechando os ouvidos a essa voz, que, o tempo todo, confia em você e pede para recomeçar, mesmo quando fracassa? Será que suas frustrações não vêm desse posicionamento que tem? Diante das coisas que dão errado, sua tendência é recolher tudo e, irritado, querer abandonar o que é chamado a fazer?

O Senhor quer, hoje, dar-lhe uma nova chance! Ele sobe em sua barca. Ele entra em sua vida. Ele fala bem perto de seu ouvido. Ele o chama. Ele confia em você. Ele lhe dá uma missão. E, somente, pede que confie nele. Você deixará de pescar, de provar as graças abundantes de Deus em sua vida por causa de sua mesquinhez? Ele só lhe pede para recuperar a coragem, e, mesmo cansado, lançar as redes. Ele não lhe promete nada, somente está com você no barco.

Qual será sua resposta?

2
O leproso
(Lc 5,12-16)

Eu era um leproso, que ficava sempre afastado de meu povo. O que mais me doía era não poder sequer ir rezar no templo, como todo mundo fazia, porque eu tinha essa doença na pele e era considerado impuro. Eu tinha de andar esfarrapado, despenteado, com a barba coberta e gritando: Impuro! Impuro! Cada vez que alguém me via, eu me sentia um monstro!

Até que, um dia, ouvi falar de certo homem que era diferente. Ele olhava as pessoas de um modo diferenciado. Falava palavras cheias de sabedoria e compaixão. E eis que eu o vi. E, em vez de começar a gritar que eu era impuro, fiz algo que nunca imaginara fazer: prostrei-me por terra e, diante desse homem, eu disse: "Senhor, se queres, podes curar-me, se queres, podes limpar-me!"

Ele, sem hesitar, estendeu a mão e me tocou, dizendo: "Eu quero. Fique curado".

Senti que ele havia feito muito mais que ter me curado da doença, pois havia acontecido uma cura em minha alma. Quanta mágoa havia em mim! Mágoa por ver as pessoas rindo de mim, afastando-se, caluniando-me, entre tantas outras situações, pelas quais passava diariamente. Mágoa por não achar culpado para essa desgraça que eu vivia. Raiva de uma sociedade que me excluía, por isso nem me permitia procurar ajuda. Raiva de Deus, que não escutava minhas preces. Quantas noites passei chorando, pedindo a cura, e Ele não me respondia. Mas sabia eu que Ele, ao me escutar, viria a mim pessoalmente, e, sem medo, tocar-me-ia. Ele não teve medo de mim; não teve medo de se sujar com minha sujeira. Não teve sequer receio de tocar em minhas feridas e, muito menos, nojo de minha indignidade. Ele me tocou! O puro tocou no impuro.

Ele curou a maior chaga que havia em mim: o desamor. Eu já não me lembrava de que fora criado à imagem e semelhança do Senhor.

Meu Deus! Quantas vezes perdi minha essência! Quantas vezes achei que não tinha valor e que minha vida não significava nada para ninguém! Quantas lepras criei em mim mesmo, dando mais valor ao que as pessoas falavam de mim!

Mas o Senhor, redentor, curou-me. Por isso lhe peço, Senhor, cure este leitor de toda lepra existente em sua vida. Cure toda lepra que foi gerada por palavras, por atos, por pensamentos de terceiros. Cure, Senhor, o olhar destorcido sobre seu amor por essa pessoa. Cure, Senhor, toda palavra de maldição que foi dita contra sua vida, ou dita contra a dignidade de filho e filha, amados pelo Senhor.

O Senhor, depois de me curar, pediu-me que não contasse nada a ninguém, porque só eu entenderia o tamanho da obra que ele fizera em mim. Ele estava certo. Muitas vezes, o que é tesouro para mim não significa nada para o outro. Por isso, ele pediu-me para não dizer nada. Porque ele não fez isso para ser reconhecido por alguém, a não ser por mim. Ele queria ser o Senhor, o dono, o Rei de minha vida.

Deus veio a mim, como quer ir a você! Quer tocar em sua ferida. Quer limpar sua vida das lepras existentes nela. Quer devolver-lhe a dignidade de filho amado. Quer fazê-lo lembrar de que, quem olha para você, deve ver a imagem dele. Mas, para que isso aconteça, de verdade, é necessário, quando ele passar, prostrar o coração diante dele e pedir com sinceridade e confiança. Mesmo que você não mereça nada, Ele terá amor e compaixão por você, porque você é seu filho. Você quer ser curado e voltar a ter o valor que você esqueceu que tem? Peça a Ele! Estenda sua mão, e Ele o tocará e o limpará. E você será, novamente, colocado no colo do Senhor e Ele o fará uma nova criatura.

O Senhor o olhará e falará: "Eu quero que você fique curado". E você, quer?

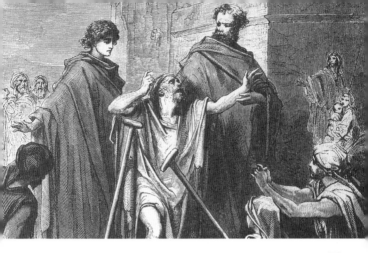

3
O paralítico
(Lc 5,17-26)

Eu era um homem que, há muito tempo, tinha paralisia e convivia com essa desgraça em minha vida. Era considerado, pela sociedade, um morto-vivo. Eu sempre ouvi dizer que isso acontecera comigo por causa de meus pecados ou dos pecados de meus pais.

Minha doença era incurável. Os homens nada poderiam fazer por mim. Então, alguns amigos ficaram sabendo que, ali por perto, estava a pregar e a ensinar um homem que, pelo que se dizia, tinha o poder de Deus para curar doenças. Ele estava em uma casa, ensinando, e havia tanta gente escutando, que não dava para entrar. Foi então que meus amigos verdadeiros não mediram esforços: subiram-me até o telhado da casa e, tirando as telhas, desceram-me por uma corda, até eu estar diante daquele homem. Todos, enquanto eu descia, ficaram olhando, admirados pelo esforço feito por meus amigos.

O homem ficou tão comovido com a fé deles, que, assim que terminaram de me descer, ele olhou-me e disse: "Seus pecados estão perdoados".

Nesse momento, fiquei perplexo e meio desapontado, porque o que eu queria era voltar a andar. Todos os presentes se assustaram com essa frase, porque só Deus tem esse poder.

Mas Ele surpreendeu a todos novamente. Olhou para os presentes e perguntou: "Vocês acham que é mais fácil perdoar pecados ou curar a doença deste homem?" Ninguém ousou responder. E ele continuou: "Filho, levante e ande. Pegue sua maca e vá para casa".

Levantei-me, de um salto só, e fiz o que ele me dissera. No caminho, eu pensava sobre o que acontecera e entendi o tamanho da cura que Ele tinha feito em mim.

Primeiramente, ele perdoou meus pecados, porque eles eram os responsáveis por minha paralisia, tanto física, espiritual, psicológica, moral, social, entre outras. Muitas vezes, o pecado nos impede de caminhar rumo à vida eterna ou a uma felicidade plena.

Pode ver, meu amado leitor: quando você se sente deprimido, onde vai buscar refúgio? Na bebida, na comida, no sexo, na pornografia, no sono, nas drogas, e por aí afora. Jesus quis perdoar meus pecados para que eu pudesse me libertar desses grilhões que amarravam minhas pernas, não me deixando caminhar para uma felicidade plena e para uma vida eterna. É muito fácil para ele perdoar pecados. Mas o difícil é ter de sair do comodismo. Por isso, ele me perdou primeiro, para, depois, curar-me das pernas. Ele me pediu para levantar e pegar minha cama. Estar deitado é posição de doente, de morto. E, agora, pelo poder de sua voz, eu não sou mais doente, estou curado, sou livre, por isso posso pegar minha cama e levantar.

Mas poderia nascer uma pergunta: por que ele mandou que eu pegasse minha cama? Já não necessitava mais dela! Então, entendi; nela, eu estava acomodado. Meus amigos faziam tudo por mim. Levavam-me aonde queria. As pessoas poderiam, até, ao ver-me deitado, ter pena de mim. Mas a maca era símbolo de meu eu não querer fazer nada para melhorar. Não querer desinstalar-me de meu ego, para ser um homem novo. Minha cama era o lugar de minha segurança. Ela simbolizava minha história, pois fora ali que passara mais tempo de minha vida.

Entendi que, quando ele me ordenara pegar a maca, ele se referia a pegar minha história, pegar toda a minha segurança e caminhar. Levar a maca tinha o sentido de caminhar sempre lembrando onde o Senhor me resgatara; agora, eu tinha um destino: minha casa, o céu.

Então, faço estas perguntas para você, amado leitor: o que o paralisa hoje? Quais são suas seguranças? Onde você procura refúgio, quando se decepciona ou se sente só? Quais são as pessoas que o levam, hoje, para Deus? Quais são as que o afastam dele? Quais pecados o paralisam? Quais páginas, de sua história, precisam ser retomadas e curadas, para que você possa caminhar, rumo a sua casa?

Tenha a coragem de sair do comodismo e caminhar rumo ao encontro do Redentor, que tem o poder, dado por Deus, de curá-lo. A vida o espera. Saia da escuridão de seu quarto e vá ao encontro da luz do Senhor, mesmo que seja preciso abrir o telhado e descer amarrado diante dele.

Você quer se levantar?

4
O coletor de impostos
(Lc 5,27-32)

Olá, caríssimo leitor. Meu nome é Levi, mas as pessoas me conhecem por Mateus. Eu trabalhava na coletoria de impostos de minha cidade. Diante da sociedade, era visto como ladrão e pecador público. O pior é que eles tinham razão.

Muitos coletores aproveitavam-se do cargo para cobrar taxas abusivas do povo, para seu próprio enriquecimento. Eu também fizera isso, várias vezes, pois havia em mim uma ganância tremenda.

Normalmente, todos os dias, ia para meu setor de trabalho. Um dia, aconteceu algo que mudaria minha vida para sempre. Um homem, que eu não conhecia, passou pela banca de coletoria de impostos e, olhando-me, disse: "Segue-me".

Essa palavra de ordem ressoou tão fortemente dentro de mim que não pude fazer outra coisa a não ser me levantar e segui-lo.

Os demais coletores ficaram olhando aquela cena, sem entender o que estava acontecendo. Outros fingiram não ver nada, mas, em meu coração, só havia uma certeza: eu deveria segui-lo. Não sabia quem era, aonde ia e nem o que queria de mim.

Enquanto ia caminhando, tentava entender por que alguém me queria a seu lado e por que me chamaria.

Diante desses diversos questionamentos, só havia lugar para a alegria dentro de mim. Para as pessoas eu era um ladrão e um pecador, mas para esse homem eu era alguém especial, pois Ele me olhara e me amara e, além disso, chamara-me para estar a seu lado. Resolvi, então, dar uma festa. Nela estavam presentes meus antigos companheiros de trabalho.

Era como uma festa de despedida, pois estava decidido a deixar a vida velha e começar uma vida nova. Meu convidado ilustre era o Mestre, que não hesitara em se fazer presente. O grande problema para o Mestre era que, para meu povo, sentar-se à mesa era símbolo de intimidade, de amizade, e Ele ainda iria abençoar o alimento. Então, os fariseus e letrados do povo se escandalizaram ao ver que o Mestre comia com pecadores.

Eles se achavam muito santos por cumprir preceitos da sociedade; mas também tinham suas sujeiras. Eles perguntaram ao Mestre por que Ele comia com pecadores. Novamente, esse homem me surpreendeu com sua resposta. Disse: "Os sadios não precisam de médico, mas os doentes. Não vim para os justos, mas para os pecadores, para que eles me escutem e se arrependam".

Meu coração se encheu de alegria, e fiquei me lembrando das pessoas as quais eu roubara, das famílias que endividara, das riquezas que ajuntara injustamente. Mas o que mais me comovia e tocava meu coração era ver que esse homem achara algo em mim que o fizera acreditar na mudança de minha vida.

Eu era um doente! A ambição me cegara, deixara-me ferido e no pecado. Minha ganância destruíra muita gente. Mas esse homem me amara e me escolhera e, mais, confiara em mim, sem querer nada em troca; curara meu coração.

Por isso, meu caro leitor, deixo aqui um aviso: Ele quer passar em sua vida e fazer o mesmo com você, sem se importar se você é digno. Ele quer passar hoje no lugar onde você se encontra escondido: em sua ambição, em seu orgulho, em sua ganância, em sua ferida. Quer olhá-lo e curá-lo. Mudar sua vida. Dar-lhe uma nova chance. Reconhecer seu valor. Ele se importa com você. Quer cear em sua casa. Participar da mesma mesa que a sua. Ele veio para você.

Qual pecado, hoje, torna-o impuro? Qual o valor de sua vida? Quais as corrupções em que você tem entrado para ser alguém na vida? Você tem se vendido? Tem se achado maior que os demais? Tem julgado as pessoas? Quais as doenças que Ele precisa tocar e colocar o remédio que só Ele tem? Qual sua resposta diante do chamado dele?

Ele está a sua espera. Se Ele passasse, hoje, em sua vida, você deixaria tudo para segui-lo, sem, sequer, saber para onde iria?

Qual seria sua resposta?

5
A viúva
(Lc 7,11-17)

Muito prazer, amado leitor. Sou uma viúva, que mora em Naim. Esse lugar fica no caminho de Cafarnaum a Samaria. Ser viúva, em minha sociedade, é muito complicado. Meu marido cuidava de tudo; ele era meu amparo, meu sustento. Depois de seu falecimento, meu filho ficou responsável por esse papel. Ser viúva era ser conhecida como necessitada, pois não havia pensão para me manter. Após a morte de meu esposo, eu dependia do irmão do falecido, que poderia vir a ser meu novo esposo, ou da família dele, ou, como acontecera comigo, meu filho ficara responsável.

Constantemente, passava necessidade e era oprimida pela sociedade, que dizia me proteger. Eu já vivia uma vida miserável e cheia de lamentos e saudades, por causa da morte de meu marido. E, como se não bastasse, agora falecia meu filho. Como iria me sustentar? O que seria de minha vida sem eles? Foi, então, que algo muito diferente aconteceu em minha vida. Percebi que Deus, realmente, tem um cuidado todo especial com as pessoas que sofrem e se sentem abandonadas.

Depois de passar a noite velando meu filho, a procissão fúnebre saiu para sepultá-lo. Chegando ao pórtico da cidade, um homem, passando pelo caminho, olhou profundamente aquela cena. E mais, olhou em meus olhos e viu o desespero em mim. Uma boa parte da cidade me acompanhava, nesse momento, mas esse homem fez toda a diferença. Ele me viu. Sentiu minha dor. Compadeceu-se. Teve misericórdia. E, olhando fixamente para mim, disse: "Filha, não chore mais".

Ele foi até o caixão. Tocou em meu filho e disse: "Jovem, eu ordeno: levante-se". Para espanto de todos, meu filho se levantou e todo o povo ficou, tremendamente, assustado. Eu somente sorria e louvava a Deus por trazer meu sustento, meu pilar de volta. Deus ouvira meu clamor. Ele olhara minha dor.

Esse homem não teve medo de tocar na morte de meu filho e na que estava em meu coração. Quem tocava em um morto, em minha sociedade, era considerado impuro. Mas Ele não se importara com isso.

Nele havia vida. Essa vida foi o contraste de toda cena que vi. Enquanto Ele vinha, em minha direção, para fazer meu filho reviver, as pessoas ajudavam-me a levar meu filho para o túmulo. Ele veio ao encontro de minha dor, de meu desespero, de minha morte. Ele fez a vida e a fé voltarem dentro de meu coração. Ele teve o que ninguém, naquele lugar, teve: misericórdia de mim.

Quantas pessoas diziam naquele momento: "Coitadinha, o que será dela agora? Como vai viver?" E Ele disse: "Filha, não chore mais".

Hoje, quantas situações matam? Quantas vezes as pessoas ficam viúvas, porque matam a esperança? A alegria morre diante das dificuldades da vida. Perdem-se sonhos, metas, alegria, vontade de viver, sorrisos, palavras que trazem vida, por tão pouca coisa! Jesus quer passar, hoje, em sua vida e consolá-lo. Quer tocar na morte que você vive e transformá-la em vida. Ele quer olhá-lo, com olhares de amor, e dizer: "Filho, não chore mais! A vida chegou a sua casa. Eu vim a seu encontro. Vim tocar em sua ferida, em sua morte, em sua incredulidade".

Ele não tem medo de ir ao encontro de sua sujeira. Ele quer tirar de você a veste de luto e lhe dar roupas de alegria. O que é morte para você, para Ele é lugar da vitória, pois Ele, um dia, venceu a morte.

Não fui eu quem o encontrou, mas foi Ele quem veio a meu encontro. Ele levantou minha cabeça. Enxugou minhas lágrimas. Sentiu minha dor e me deu vida, novamente. Achei que o milagre fosse somente ter dado a vida a meu filho! Mas não foi. O milagre verdadeiro foi ter dado a minha vida.

Quais situações estão levando você a viver uma vida dentro de um sepulcro? Quem o leva até lá? Será que está deixando as pessoas depositarem suas mortes em sua vida, com isso, matando-o junto? Quem é sua segurança hoje?

Convido-o a deixar esse homem caminhar até você. Deixe-o entrar em seus sentimentos mais feridos e profundos. Deixe-o sentir misericórdia de você. Ele quer tocar no caixão que você carrega, cheio de impureza. Ele quer olhar em seus olhos. Ele quer lhe dizer: "Filha, não chore mais".

Saia de seu caixão! Pare de chorar desesperadamente. Deixe sua desesperança e creia nele.

Você, hoje, pode tomar a decisão de continuar chorando e lamentando suas perdas, ou deixar que Ele as transforme em vida para outras pessoas e também para você.

Qual decisão você tomará?

6
A pecadora
(Lc 7,36-50)

Muito prazer, amado leitor. Hoje, quero presenteá-lo com minha história. Quero contar, de modo muito especial, sobre o dia em que um encontro mudou minha vida.

Eu era uma pessoa sem sentido na vida. Em mim existia um vazio tão grande, que nada conseguia dar sentido a minha história.

Para tentar preencher minha vida, tornei-me prostituta e, com isso, ganhava muito dinheiro. Usava meu corpo, que era um lugar vazio, para os demais depositarem seus vazios e seus pecados.

Soube de um homem diferente dos outros, que falava coisas bonitas, tocava nas pessoas e fazia milagres. Ele tinha um olhar puro e humilde para com os pobres e abandonados pela sociedade. Resolvi ir a seu encontro. Minha vida pedia ajuda, meu coração não aguentava mais tanta dor e vazio. Eu me sentia um lixo nas mãos das pessoas.

Ele estava jantando na casa de um homem de nossa cidade. Fui até lá. Entrei na sala, onde seria servido o jantar. Peguei meu frasco de perfume, o mesmo que passava para me prostituir – o que me identificava como uma pecadora –, coloquei-me por detrás de seus pés, quebrei o vaso, esparramando meu perfume pela casa toda, e comecei, chorando, a ungir seus pés e a enxugá-los com meus cabelos. Era uma mistura de óleo e lágrimas que passava nos pés desse homem. Ali comecei a beijar seus pés, e Ele só me olhava, sem nada fazer. Eu me sentia tão destruída, que o único lugar que queria estar era debaixo de seus pés, pois assim me sentia, debaixo dos pés de todos.

Isso tudo foi motivo de escândalo para todos que estavam presentes, pois eu não era amada por ninguém, só queriam meu corpo. Um dos motivos que os escandalizaram foi quando eu soltei os cabelos perto do Mestre, pois isso era inconcebível para meu povo. Imaginem o quão escandaloso era fazer tudo isso que fiz, sendo eu uma prostituta.

Mas em mim só havia uma certeza: era a chance de eu ser uma pessoa nova, de fazer o que meu coração mandava.

Ao ver tudo isso, o dono da casa começou a julgar-me em seu coração, pois, para Ele, de nada adiantava minha dor, mas sim o que ele achava que eu era.

O Mestre, sabendo o que havia em sua mente, disse: "Um homem devia muito dinheiro a um credor, e outro homem devia pouco. O mesmo credor perdoou a dívida dos dois. Qual seria mais grato a Ele? O dono da casa respondeu sem hesitar: 'O que devia mais'. Então o Mestre continuou: 'Simão, julgou bem. Veja essa mulher? Tudo que ela fez, você deveria ter feito, mas não o fez, porque não significo tanto para você, quanto para ela. Ela lava meus pés com as lágrimas que caem de seus olhos, e você não me ofereceu sequer água para lavar meus pés. Ela não para de beijar meus pés. Você nem um abraço de paz me deu, quando entrei aqui. Não me ungiu a cabeça; ela, porém, não para de ungir meus pés com lágrimas e perfume e ainda os enxuga com seus cabelos.

Ela demonstrou tanto afeto por mim que eu lhe perdoo seus pecados. Eu a curo. Dou novo sentido à vida dessa pobre mulher. Eu a amo e a purifico. A fé, a abertura de coração, o arrependimento de ter errado tanto na vida e, principalmente, sua sinceridade fizeram com que ela saísse daqui uma nova criatura.

Ela me amou, sem sequer conhecer-me. Por isso eu lhe perdoo'".

Eu sentia vergonha da vida que eu levava, mas Ele se orgulhou de mim. Ele me olhou e me amou. Perdoou-me e me acolheu, dizendo: "Vá em paz, pois seus pecados estão perdoados".

Porém deixou-me uma ordem a ser cumprida: minha missão era ir, mas não voltar mais a pecar. Quantas vezes provamos o amor de Deus por nós, mas as lembranças do passado ficam golpeando nossa cabeça e nos fazem querer voltar à vida velha que tínhamos?

Quantas vezes temos vontade de largar tudo e viver uma vida medíocre e suja, prostituindo-nos para sermos alguma coisa, ou conquistar algo? Por isso eu lhe pergunto: você já se prostituiu alguma vez?

Já fez algo que não queria em troca de um favor, ou um cargo, ou algo que precisava conquistar? Já foi abusado(a)? Já foi traído(a)? Alguém já usou você, tirando sua alegria, seus sonhos, sua vontade de viver? Já desapontaram suas esperanças? Já fez mal a alguém por estar vivendo um momento ruim em sua vida?

Hoje, Ele quer convidá-lo a pegar aquilo que o identifica como pecador e quebrá-lo a seus pés e, se preciso for, ungi-lo com essa sujeira. Ele não se importa de ter seus pés lavados e ungidos com algo que não é puro. E digo mais: se você está nessa situação de dor e de falta de sentido, derrame-se aos pés desse homem maravilhoso. Assim provará um amor que ninguém neste mundo é capaz de lhe dar. Ele espera você.

O que o faz chorar? Qual é o vaso de perfume que você tem de quebrar aos pés dele? Terá a coragem de ser perdoado(a) e de lutar para nunca mais pecar?

A resposta é sua. Ele mudou minha vida. E você, quer ter a sua mudada?

7
O menino doente
(Lc 9,37-43)

Querido leitor, sou um menino que sofria de uma doença, considerada uma possessão diabólica. Eu sou filho único, e, para minha família, ter isso em casa era sinal de desgraça e maldição. Eu era considerado possuído pelo mal. Por isso, meus pais e eu éramos muito malvistos.

Meu pai ficou sabendo de um homem que fazia bem a muita gente, inclusive curava doentes. Então, resolveu ir procurar ajuda. Mas, ao chegar onde ele estava, viu uma multidão cercando-o. Sem hesitar, gritou: "Mestre, rogo-te que dês atenção ao meu único filho. Um espírito o agarra e, de repente, ele começa a gritar; ele o contorce todo e o faz espumar; dificilmente se afasta dele e, quando sai, deixa-o moído".

Antes de ir ao encontro do Mestre, meu pai pediu a mesma coisa para os homens que o seguiam. Mas eles nada puderam fazer. O Mestre ficou muito bravo ao saber que os seus não puderam fazer nada. Ele sentiu compaixão de meu pai e de mim e mandou levar-me até Ele. Mas, no meio do caminho, indo ao encontro de Jesus, tive outra crise e fui retorcendo-me todo. Mas o Mestre veio, tocou-me, ameaçando minha doença, e ela cessou.

Então, Ele devolveu-me a minha família. Nessa situação, pude ver como esse homem era especial. Os seus não puderam fazer nada, mas bastou uma palavra dele para curar-me.

Pude ver nele uma compaixão imensa. Ele sentiu comigo minhas dores. Viu o quanto meu pai sofria. Viu o quanto éramos malfalados por tudo isso. Ele se fez um conosco.

Hoje, queria que você, meu amado leitor, com quem partilho essa história, pensasse qual a situação de sua vida o atormenta.

Muitas situações de nossa vida nos abalam e nos jogam no chão. Muitas nos deixam moídos, porque não sabemos como solucioná-las. E, por sermos tão prepotentes, queremos sempre resolver de nosso modo, mas nos desesperamos ao ver que nada dá certo.

Muitas vezes, caímos nos braços da depressão, do abandono, do vazio existencial, do cansaço, da murmuração e de tantas outras situações negativas.

O Senhor, hoje, quer compadecer-se de sua história, de sua dor. Se há algum mal que o aterroriza, Ele quer tocá-lo e curá-lo. Basta você não ter medo e ir ao encontro de Jesus.

Muitas vezes, temos medo de ir ao encontro dele, pensando que, se Ele nos curar, irá pedir-nos algo em troca. A única coisa que Ele quer de você é a abertura de coração.

Hoje, onde você tem buscado a cura de suas dores? Na bebida? No cigarro? Na comida? No sono? No sexo? Nas companhias erradas? Isso tudo tem trazido alguma solução verdadeira para sua vida?

Quantas dessas coisas lhe trazem um alívio momentâneo, como acontecia comigo. Eu tinha crises, que depois passavam; mas eu sabia que voltariam a qualquer momento.

Quando Ele me tocou, minha alma se encheu. O vazio não existia mais. Ele tocou a raiz de meus problemas. E ele quer fazer o mesmo com você! Para isso é preciso gritar por ajuda. Deixe Jesus consolá-lo. Deixe esse Deus tocá-lo. Deixe que Ele caminhe a seu encontro, indo ao mais profundo de suas dores, pois tudo que nos abala é abalado pela força do amor dele por nós. Você quer?

8
O filho arrependido
(Lc 15,11-32)

Olá, meu caro leitor. Embora minha história seja bem conhecida, quero partilhá-la novamente com você. Eu sou o filho mais novo de uma família composta por meu pai, minha mãe e meu irmão mais velho.

Sempre tive tudo do bom e do melhor, mas em minha juventude quis mais do que aquilo que eu tinha. Queria viver novas aventuras, conhecer novas pessoas, andar por outros mundos que não fossem aquele mundinho que eu conhecia. Queria curtir um pouco todo dinheiro que tinha e me sentir livre.

Um belo dia, cansado da mesmice, fui até meu pai, um homem bom e justo, e disse que queria tudo que me pertencia, porque queria curtir minha liberdade.

Percebi a tristeza nos olhos dele, mas meu orgulho era tão grande, que nem dei bola para o que ele sentia. O que eu não pensei na hora era o significado do ato que eu estava fazendo. Nunca se dava a herança a um filho com o pai ainda vivo. Portanto, pedir a herança a meu pai era como dizer a ele que para mim estava morto.

Ele sabia disso, mas, como era um homem justo e bom, fez minha vontade. E, com arrogância, parti, deixando-o com lágrimas nos olhos.

Peguei minhas coisas nem olhei para trás. Parti com alguns amigos, e fomos gastar todo o dinheiro que ele tinha conseguido com tanto suor. Tudo eu bancava. Festas, mulheres, viagens, bebidas e tantas outras coisas. Eu me sentia o dono do mundo. Bastava abrir a carteira e as coisas estavam ali, em minha frente.

Entretanto, como tudo nesta vida tem um fim, o dinheiro acabou, e meus amigos se foram; festas acabaram; mulheres eu já não conseguia mais. Ou seja, fiquei sozinho e sem dinheiro.

Comecei a desesperar-me, pois não tinha nada e ninguém. Não tinha nem a mim mesmo.

Foi então que percebi que estava passando fome e miséria porque tinha feito escolhas erradas. Fui procurar trabalho ou, ao menos, um lugar em que me deixassem fazer algo por comida.

Consegui um emprego de cuidador de porcos e foi-me oferecido para comer o que sobrava da comida deles.

Nesse momento, meu ego foi destroçado. Meu espírito de grandeza foi por água abaixo.

Os porcos para meu povo eram animais impuros. Agora, imagine, eu, um homem rico, tendo de ser considerado menos que um porco e comer o que eles rejeitavam comer?

Eu me senti o pior dos homens. Cada dia era angustiante. Acordar e saber o lixo que eu havia me tornado era desastroso e humilhante.

Em meio a tanta angústia, lembrei-me da vida que eu tinha em minha casa. Lembrei que até os empregados de meu pai viviam melhor que eu.

Vi a besteira que tinha feito e comecei a pensar em voltar para casa. Como eu voltaria agora? Será que seria aceito? Melhor planejar algo, um discurso piedoso, que tocasse o coração de meu pai, para que ele me recebesse.

Já sei! Vou dizer: "Pai, pequei contra o céu e contra ti. Não mereço ser chamado de teu filho. Trata-me como um de teus empregados".

Percebi, nesse instante, que minha vida de podridão e de orgulho era responsável por tudo isso e bateu-me um arrependimento sincero. Pus-me a caminho de casa, e uma longa história ia passando por minha cabeça. Saí de casa dono do mundo. Voltava, agora, sem dignidade, imundo, fedido, magro, feio, pobre e envergonhado.

Ao longe, vi minha casa. Pensava o tempo todo no discurso que falaria depois do sermão que meu pai iria dizer. Mas algo me quebrou. Ao ver-me de longe, meu pai, já idoso, saiu correndo a meu encontro. Quando chegou a mim, pulou em meu pescoço, cobriu-me de beijos e abraços. Sujou-se com toda aquela sujeira vinda dos porcos, ficando todo malcheiroso. Pôs-me um anel no dedo, fazendo-me digno de ser herdeiro novamente, e calçou sandálias em meus pés; deu-me a mais bela roupa e ainda organizou uma festa. Nem me deixou falar meu discurso piedoso.

Soube, nesse momento, que, todas as tardes, ele sentava na área de casa esperando eu voltar pelo mesmo caminho por onde um dia saí.

Meu amado leitor, Deus faz hoje o mesmo com você. Ele o espera. Ele não vai ficar jogando em sua cara a escolha errada que você fez, mas estará amorosamente aguardando você voltar. Ele não quer saber de seus pecados, não quer saber por onde andou, mas quer abraçá-lo, beijá-lo, colocar um anel em seu dedo e lhe dar roupa limpa. Além disso, quer organizar uma festa por sua volta, pois você estava morto e voltou a viver.

Muitas vezes, tomamos decisões erradas ou precipitadas, sofrendo muito depois. Quanta vezes você já provou essa solidão que eu provei? Quantas escolhas erradas já o sujaram? Quantas vezes você se sentiu indigno? Quantas desculpas tentamos criar para falar com Deus sobre nossos erros?

O que o impede, hoje, de voltar para casa? O que o envergonha em sua vida? O que o suja?

Corra para os braços amorosos do Pai, porque Ele o ama verdadeiramente sem cobrar nada.

Quer sentir-se amado? Por que não se levanta da sujeira que está e corre ao abraço desse Pai?

9
O cego
(Lc 18,35-43)

Amado leitor, sou Bartimeu, o cego. Minha vida era muito triste, cheia de escuridão, por não enxergar, e também sem sentido, porque não via riquezas em meu existir; por isso, tornei-me mendigo.

Ficava sentado à beira do caminho de Jericó a Jerusalém, pedindo esmolas. Quantas pessoas tinham pena de mim e acabavam dando sua esmola, mas isso não preenchia meu coração, pois o que eu queria ninguém podia dar.

Ouvi uma multidão aproximando-se e achei estranho. Perguntei a uma pessoa o que estava acontecendo, e ela disse: "É Jesus que está passando por aqui".

Eu já havia escutado falar dele. Pensei: agora é minha hora! Vou ficar curado. Então comecei a gritar: "Jesus, filho de Davi, tem piedade de mim!" Eu queria muito mais que a esmola dele; queria a vida que Ele podia me dar.

Algumas pessoas ordenaram que me calasse. Mas eu gritava com mais força. Eu não sabia a quantos metros de mim Ele estava, mas o sentia próximo de meu coração.

Ele respondeu: "O que queres que eu te faça?" E respondi: "Que eu veja!" Ele disse: "Vê então. Tua fé te salvou".

Essa frase me intrigou. O que tem a ver fé com cegueira? Depois de algum tempo, entendi. Eu vivia mendigando coisas que são próprias de quem não tem o amor de Deus dentro de si. Ficava mendigando carinho, atenção, dinheiro, comida etc. Todos esses amores não me preenchiam. Minha cegueira simbolizava minha falta de fé. Eu não tinha a luz de Deus sobre meus olhos. Quem as tem enxerga como águia.

Creio que você também procura a felicidade e a paz que eu procurava. O senhor passa todos os dias por nosso caminho e, muitas vezes, não o enxergamos. O que o impede hoje de ver a luz de Deus passando em sua vida? O que o impede de gritar a Jesus, filho de Davi, pedindo sua salvação? Ele não disse somente: "Fica curado da cegueira". Ele disse também: "Tua fé te salvou". Ele não quer somente curar você, mas quer salvar sua alma. Ele não é só médico de corpo e alma. Ele é aquele que vem trazer a salvação.

Quantas vezes precisamos tirar as vestes de mendigo e deixar Deus aproximar-se de nossa situação?

Interessante que Jesus fazia sempre esse caminho, mas eu nunca tinha tido fé nele. Nesse dia eu acreditei e fui curado.

Ele sempre passava ali para ir de Jericó a Jerusalém. E naquele dia Ele desceu de Jericó para chegar até a minha baixeza, até a minha miséria, para me levar de volta até as alturas de filho de Deus, até a casa do Senhor, em Jerusalém.

E você? Quais são os caminhos em que você está sentado? Para onde levam? Quem passa por ali? Quando você escuta que Jesus está passando, você tem coragem de gritar por Ele, mesmo que mandem você calar sua voz? Você tem coragem de gritar mais forte quando a dor é mais forte?

Saia das trevas. Ele o chama à luz da vida. Quer ser Iluminado por Deus? Ele espera você. Qual será sua resposta?

10
Zaqueu
(Lc 5,27-32)

Eu me chamo Zaqueu e, hoje, quero partilhar minha história com você. Eu era chefe dos coletores de impostos e um homem muito rico. Minha riqueza era proveniente do dinheiro do imposto que eu roubava dos pobres. Portanto, eu era um corrupto. E todos vocês já sabem que eu era odiado pelas pessoas e considerado impuro. Minha honestidade estava em grau zero.

Eu queria sempre mais e mais dinheiro. Mas tinha algo que eu queria muito: conhecer Jesus, pois ouvia falar muito dele. Ele tinha acabado de curar um cego aqui em Jericó, e eu sabia que Ele iria passar pela cidade para ir às festas em Jerusalém.

De repente, ouvi uma multidão se aproximar. Corri. Subi em uma árvore e fiquei tentando ver Jesus. Mas Ele, ao avistar-me, surpreendeu-me, dizendo: "Zaqueu, desce depressa da árvore porque hoje vou hospedar-me em sua casa".

Quão imenso foi meu espanto! Primeiro, porque Ele me viu e me chamou pelo nome. Em nossa cultura, chamar pelo nome significa ser íntimo, ser amigo. E, em segundo lugar, porque Ele me viu primeiro. Eu fiz todo o esforço, e Ele me viu. Realmente, Ele me conhecia. Conhecia um lugar que nem eu mesmo conhecia. Ele via minha alma. E Ele sabia que eu tinha uma dor profunda de ser como eu era. E viu essa dor. Ele a sentiu.

Para as pessoas daquela cidade eu era considerado um homem baixo, mas para Ele eu era alguém que deveria recuperar em mim o desejo do céu, de ser feito para o alto.

Outra coisa que me espantou foi o fato de querer se hospedar em minha casa. Senti-me honrado por receber essa graça, porque eu vi como Ele me olhou com ternura, com amor, e seu olhar tocou profundamente minha alma.

Esse fato causou uma reação em triângulo. Primeiro no povo, porque Jesus ia se hospedar na casa de um pecador público, comer com ele e ainda festejar a vida desse pecador.

Depois em mim, porque, ao mesmo tempo que eu tinha vergonha de recebê-lo, pois tinha uma vida errada e estava consciente disso, eu estava feliz por ser escolhido por Ele. A alegria era tão grande e suas palavras tão profundas e cheias de salvação, que meu coração ardia, e eu percebia que algo estava acontecendo dentro de mim. Tomou-me um desejo de ser melhor, de começar uma vida nova. Disse a Jesus: "Senhor, de quem eu roubei eu retribuirei quatro vezes mais e darei metade de minha riqueza aos pobres".

Havia uma profecia que dizia: "Praticai a justiça, pois minha salvação está para chegar!" E, então, veio Jesus em minha direção e disse: "Filho, hoje a salvação entrou em sua casa. A herança dos filhos de Deus é para você também, porque eu vim procurar e salvar aqueles que estavam perdidos".

Aos olhos do mundo eu era um homem perdido. Mas aos olhos de Jesus eu tinha salvação.

Meu amado leitor, hoje, Ele quer fazer o mesmo com você. Ele quer entrar em sua casa, passear por todos os cômodos dela, olhar debaixo do tapete, onde você esconde a sujeira, e limpar todos os cantos.

Se para os olhos do mundo você não tem mais jeito, para os dele você tem. Você é único. Você é chamado pelo nome. Ele o conhece. Ele o ama e quer habitar em sua casa.

Ele não marcou hora comigo. Ele simplesmente passou e resolveu ficar. E você? Qual será sua condição de vida que precisa ser mudada?

Quais são seus roubos? O que o faz se sentir pequeno? Quais as coisas que você roubou e precisa restituir às pessoas? Quer que Jesus passe hoje por sua casa purificando sua vida? Suba na árvore e deixe ser visto por Ele. Desça imediatamente e o leve consigo.

Aceita esse desafio?

Conte sua história

Como foi seu encontro com Ele?

_____
_____
_____
_____
_____
_____
_____
_____

A marca FSC® é a garantia de que a madeira utilizada na fabricação do papel deste livro provém de florestas que foram gerenciadas de maneira ambientalmente correta, socialmente justa e economicamente viável.

Este livro foi composto com as famílias tipográficas Albertus, Calibri, Times New Roman e Univers e impresso em papel Offset 90g/m² pela **Gráfica Santuário.**